EXPEDICIÓN LA MANCHA

Celso Román

Ilustraciones de
Samuel Castaño

Sudamericana

A todos los que se atreven a soñar... y hacen realidad sus sueños.

C. R.

CONTENIDO

Primera Parte

Primer paso:
Un soldado valiente, aventurero, y... pobre 10

Segundo paso:
Una Mancha en el mapa de España 12

Tercer paso:
La historia de la Mancha 14

Cuarto paso:
El lector que veía caballeros y princesas 16

Quinto paso:
Don Quijote se lanza al mundo 18

Sexto paso:
Los molinos y los gigantes 20

Séptimo paso:
Rocinante se enamora y lo apalean 22

Octavo paso:
La venta vuelve a ser castillo 24

Noveno paso:
El bálsamo y el manteo de Sancho 26

Décimo paso:
El yelmo de Mambrino 28

Undécimo paso:
Aventura en Sierra Morena 30

Duodécimo paso:
Don Quijote camino a casa 32

Segunda Parte

Decimotercer paso:
Don Quijote de nuevo en casa 34

Decimocuarto paso:
Aventura en El Toboso 36

Decimoquinto paso:
La carreta de las cortes de la muerte 38

Decimosexto paso:
El combate con el Caballero de los Espejos 40

Decimoséptimo paso:
La aventura de los leones 42

Decimoctavo paso:
Don Quijote en la cueva de Montesinos 44

Decimonoveno paso:
La aventura del barco encantado 46

Vigésimo paso:
Los Duques y el caballo Clavileño 48

Vigesimoprimer paso:
Sancho recibe la ínsula Barataria 50

Vigesimosegundo paso:
Combate de don Quijote y el lacayo Tosilos 52

Vigesimotercer paso:
Camino a Barcelona 54

Vigesimocuarto paso:
Batalla con el Caballero de la Blanca Luna 56

Vigesimoquinto paso:
Retorno y fin de don Quijote 58

Glosario 62

*Yo sé quién soy,
respondió don Quijote.*

La *Expedición La Mancha* es una invitación a viajar convertidos en exploradores de la palabra por el maravilloso libro *Don Quijote de la Mancha*, escrito por Miguel de Cervantes Saavedra.

Conoceremos al escritor y a sus personajes, acompañándolos —con la ayuda de un mapa— por caminos reales que se volvían fantásticos gracias a la imaginación y a la fantasía de don Quijote, quien podía ver un rebaño como si fuera un ejército, o unos molinos como si fueran gigantes, y ya de viejo tomó una decisión muy valiente: dejar todo para irse a luchar por sus sueños.

Gracias a un profesor que se llamaba Rafael Aramendiz, descubrí este libro cuando tenía la edad de algunos de ustedes. Como yo era un niño a quien le gustaba dibujar, en mis cuadernos vivían el caballo viejo, el burrito de Sancho, las armas del Caballero Andante, los paisajes, y las visiones de monstruos, valientes guerreros y princesas que encontraba al ir leyéndolo.

Expedición La Mancha les servirá como una guía de viaje o una "bitácora de navegación", que es como se llaman los diarios que llevan los expedicionarios. Con esto quiero que piensen en los grandes exploradores como Marco Polo, Cristóbal Colón, o en viajeros como Indiana Jones, o incluso el Capitán James Kirk de la nave interestelar *Enterprise*, quienes tomaban nota de lo que hallaban al viajar por territorios desconocidos.

Esta es una invitación para que al leer *Expedición La Mancha*, también se decidan a crear sus propios diarios "reales" –en un cuaderno, una libreta, o un bloc de papel, o "virtuales", si lo hacen en un computador personal, una tablet, o incluso un teléfono móvil. Lo importante es que usen su libertad para dibujar y escribir todo lo que se imaginen a lo largo de este viaje.

¡Bienvenidos!

Primera Parte

Primer Paso:
UN SOLDADO VALIENTE, aventurero y... pobre

Miguel de Cervantes Saavedra nació el 29 de septiembre de 1547 en Alcalá de Henares, cerca de Madrid, España. Leonor de Cortinas era la mamá y don Rodrigo de Cervantes el papá, un cirujano-barbero. En ese entonces el que afeitaba también hacía sangrías, es decir, cortaba una vena para que saliera un poco de sangre, porque según decían, eso bajaba la fiebre. Por supuesto que esa profesión ya no se practica.

Miguel estudió en un colegio de los Jesuitas, y al cumplir veinte años viajó a Roma donde se embarcó como soldado en la galera *La Marquesa*, de la armada cristiana, que estaba en guerra contra los turcos, y participó en la batalla naval de Lepanto.

En el combate se distinguió por su valor, pero recibió en el pecho y en un brazo dos disparos de arcabuz —eran los equivalentes a los fusiles de hoy—. Una bala le cortó un nervio y perdió el movimiento de la mano izquierda. Desde entonces fue llamado "el Manco de Lepanto".

Cuando volvía a España en la galera *Sol*, Cervantes cayó prisionero de los turcos, quienes lo encarcelaron en Argel, y pedían 500 escudos de oro como rescate por su libertad. Solo pudieron ser pagados cinco años y medio después, y regresó a Madrid.

En 1584 se enamoró de Ana Villafranca y tuvieron una hija, que se llamó Isabel Saavedra. A finales de ese año, se casó con Catalina de Salazar y Palacios, con quien no tuvo hijos.

Pasando muchas angustias económicas, en 1585 logró publicar su novela *La Galatea*. Luego trabajó como comisario de abastos, recaudando provisiones para los barcos de la Real Armada Invencible y después como cobrador de impuestos.

Fueron tiempos difíciles, pues lo acusaron de haberse robado dineros públicos y lo recluyeron en la Cárcel Real de Sevilla, donde se cree que comenzó a escribir la primera parte de *Don Quijote de la Mancha*, que publicó en 1605.

El éxito fue inmediato, y solo decidió escribir la segunda parte cuando un tal Alonso Fernández de Avellaneda publicó en 1614 una continuación falsa del libro. Entonces Cervantes se dedicó a terminar la obra. En 1617 se publicó completo *Don Quijote de la Mancha*, en Barcelona, y desde entonces ha sido uno de los libros más editados del mundo.

Cervantes publicó otros libros, pero nunca pudo salir de los afanes económicos, y el 23 de abril de 1616, falleció en Madrid y fue enterrado en el convento de las Trinitarias Descalzas.

MAPA DE AVENTURAS
DE EL QUIJOTE

- PRIMERA SALIDA
- SEGUNDA SALIDA
- TERCERA SALIDA

RÍO EBRO

EL TOBOSO

PUERTO LÁPICE

VENTA

CASA DE DON QUIJOTE

CAMPO DE MONTIEL

ARGAMASILLA DE ALBA

CUEVA DE MONTESINOS

CAMPOS DE CASTILLA

SIERRA MORENA

Segundo Paso:
UNA MANCHA
en el mapa de España

Como en toda buena exploración que valga la alegría —no me gusta decir *"que valga la pena"*, pues este debe ser un viaje feliz—, es necesario reconocer en el mapa el espacio por donde viajaremos. En nuestro caso, es un lugar llamado *La Mancha*.

No sé cuál será la primera imagen que les venga a la mente cuando oyen mencionar *La Mancha*, pero cuando yo tenía su edad y estaba en el colegio, al leer por primera vez la línea que decía "En un lugar de la Mancha, de cuyo nombre no quiero acordarme...", lo que me imaginé fue eso exactamente: una mancha como cuando cae un goterón de tinta en un papel, o si en un mantel se riegan la salsa de tomate, el jugo o la sopa.

¡Pero *La Mancha* resultó ser una región de España!

Es una amplia planicie de llanuras poco fértiles, situada en Castilla, una meseta que un viajero describió diciendo que era: "árida como una roca, negra como una bóveda y triste como un cementerio. Sus páramos, sus yermos y su silencio tienen las vertiginosas atracciones del abismo".[1]

Allí se sucedieron las aventuras del caballero que por eso se llamó *Don Quijote de la Mancha*.

---

1. Sanhueza Lizardi, Viaje a España, 1889.

Tercer Paso:
LA HISTORIA de la Mancha

os buenos exploradores investigan la historia de los lugares que van a recorrer, y nosotros haremos lo mismo.

En el territorio de la Mancha vivieron en el pasado muchos pueblos de diversas procedencias. *Celtíberos* eran los celtas que vivieron en esa tierra —conocida como Iberia—; los *cartagineses* llegaron de Cartago, en el Norte de África, y los *romanos* la conquistaron desde la actual Italia.

En el siglo V de nuestra era cayó el Imperio romano, y vino la dominación de los *visigodos*, y posteriormente, en el año 711, los árabes llegaron a la península ibérica, que llamaron *Al-Ándalus* que significa *nuestra casa*, y dio el nombre a *Andalucía*.

El nombre de *La Mancha* en español es de origen árabe, pues viene de las palabras *Manxa*, *Manya*, y *Al-Mansha*, que significan *tierra sin agua*, *alta planicie* o *lugar elevado*. En 1492 un idioma reemplazó al otro, cuando los Reyes Católicos Fernando e Isabel conquistaron el Reino de Granada y expulsaron a los musulmanes de la península ibérica.

Pero vamos a los tiempos de Cervantes hace 600 años. Era el siglo XV, América había sido descubierta, y el oro de México y del Perú le dio a España la posibilidad de volverse un Imperio *"donde no se ponía el sol"*; esto se decía porque cuando era de noche en Europa, el sol brillaba en las Filipinas, que eran un dominio español en Asia.

Pero para mantener ese enorme territorio, la Corona española se endeudó con prestamistas y banqueros para sostener guerras contra los ingleses, los piratas del Mediterráneo y del Caribe que asaltaban los barcos con el oro y la plata de América.

Es por eso que en esa época Miguel de Cervantes Saavedra estuvo en la guerra contra los turcos, y luego debió ganarse la vida como recaudador de impuestos y *comisario de abastos*, recolectando provisiones para los barcos del Rey.

En esas tierras de la Mancha frecuentó campesinos que cultivaban trigo y cebada, y tenían olivares y viñedos; además conoció pastores con quienes compartió el pan con queso *manchego*, hecho de leche de oveja en El Toboso. Seguramente probó el carnero asado, con verduras en aceite y vinagre, que son los mismos alimentos que en el libro consumen el Quijote y Sancho Panza, a quienes vamos a acompañar en este viaje.

Cuarto Paso:
EL LECTOR QUE VEÍA
caballeros y princesas

ntremos en el libro y empecemos por conocer a *Don Quijote de la Mancha*. Cervantes nos lo describe como un "hidalgo de los de lanza en astillero, adarga antigua, rocín flaco y galgo corredor", es decir, que tenía una antigua lanza colgada en una percha, un arcaico escudo hecho de piel endurecida, un caballo viejo y flaco, así como un perro cazador, de patas largas y hocico puntudo.

Don Quijote no estaba solo en su casa, pues vivían con él "una ama que pasaba de los cuarenta, y una sobrina que no llegaba a los veinte, y un mozo de campo y plaza, que así ensillaba el rocín como tomaba la podadera. Frisaba la edad de nuestro hidalgo con los cincuenta años, era de complexión recia, seco de carnes, enjuto de rostro; gran madrugador y amigo de la caza".

Pero su gran afición era la lectura de libros sobre caballeros andantes, tanto que "del poco dormir y del mucho leer, se le secó el cerebro, de manera que vino a perder el juicio". Su cabeza se lle-

nó de fantasías, encantamientos, peleas, batallas, desafíos, heridas, enamoramientos, tormentas y disparates imposibles.

Creyó que todo eso era real y decidió volverse caballero andante e irse por el mundo a buscar aventuras.

Limpió unas viejas armas oxidadas y mohosas, que estaban olvidadas en un rincón, pues habían sido de sus bisabuelos; con cartones completó un yelmo, que es como se llama el casco de una armadura. Luego fue a ver su viejo caballo, y le pareció más hermoso que el **Bucéfalo** de Alejandro y el **Babieca** del Cid, y tras cuatro días de pensar el nombre, al fin le llamó *Rocinante*.

Como nombre para él mismo eligió *Don Quijote de la Mancha*, y como buen caballero, escogió una dama para amar en secreto: la campesina Aldonza Lorenzo, a quien llamó *Dulcinea del Toboso* por ser de esa aldea.

CAPÍTULO 1 (referencia a los capítulos de la obra original)

17

Quinto Paso:
Don Quijote
se lanza al mundo

Vamos pues a caminar con el Caballero Andante, y salgamos con él desde su casa en Argamasilla de Alba, cuando "Una mañana, antes del día (que era uno de los calurosos del mes de julio), se armó de todas sus armas, subió sobre Rocinante", se puso el yelmo que había arreglado, metió el brazo para sostener el escudo, "tomó su lanza, y por la puerta falsa de un corral, salió al campo con grandísimo contento y alborozo de ver con cuánta facilidad había dado principio a su buen deseo".

Iba muy feliz don Quijote, cuando cayó en cuenta que debía ser armado caballero, y al anochecer llegó a una venta o posada de camino. A él le pareció "un castillo con sus cuatro torres y chapiteles de luciente plata", con su puente levadizo y su foso.

En la puerta de la venta estaban dos muchachas que él vio como "dos hermosas doncellas o dos graciosas damas", y un hombre que cuidaba cerdos hizo sonar un cuerno para llamar a los animales, y al instante le pareció "que era que algún enano hacía señal de su venida", y el ventero le pareció el señor del castillo, quien le ofreció posada y alimento.

Las doncellas le ayudaron a despojarse de las armas y fue cuando él dijo:

"Nunca fuera caballero
de damas tan bien servido
como fuera don Quijote
cuando de su aldea vino:
doncellas curaban de él;
princesas, del su rocino,"

Para poder ser armado caballero al día siguiente, don Quijote debía velar sus armas así que las puso sobre una pila junto al pozo. Con lanza y escudo empezó a pasear velándolas cuando comenzaba a caer la noche.

Pero "en esto antojósele a uno de los arrieros que estaban en la venta ir a dar agua a su **recua** y fue menester quitar las armas de don Quijote, que estaban sobre la pila" quien, en voz alta le dijo:

"¡No las toques, si no quieres dejar la vida en pago de tu atrevimiento!", y le dio un golpe con su lanza. Los demás arrieros le lanzaron piedras, hasta que llegó el ventero, impuso el orden y decidió consagrarlo caballero de inmediato.

Trajo un libro donde llevaba las cuentas de venta, y "con un cabo de vela que le traía un muchacho, y con las dos ya dichas doncellas, se vino adonde don Quijote estaba, al cual mandó hincar de rodillas; y, leyendo en su manual, como que decía alguna devota oración", alzó la mano y le dio sobre el cuello un buen golpe, y con su espada un gentil espaldarazo. Una de las muchachas le ciñó la espuela, la otra la espada, y quedó consagrado caballero.

CAPÍTULOS 2 Y 3 (referencia a los capítulos de la obra original)

Sexto Paso:
LOS MOLINOS y los gigantes

Sigamos de viaje con don Quijote, quien "salió de la venta tan contento, tan gallardo, tan alborozado por verse ya armado caballero, que el gozo le reventaba por las cinchas del caballo. Mas viniéndole a la memoria los consejos de su huésped cerca de las prevenciones tan necesarias que había de llevar consigo, en especial la de los dineros y camisas, determinó volver a su casa y acomodarse de todo, y de un **escudero**".

Para ello pensó en Sancho Panza, "un labrador vecino suyo, que era pobre y con hijos, pero muy a propósito para el oficio escuderil de la caballería". Sancho le dijo que llevaría su asno, a lo cual "reparó un poco don Quijote, imaginando si se le acordaba si algún caballero andante había traído **escudero** caballero asnalmente, pero nunca le vino alguno a la memoria".

Sancho Panza aceptó ser su **escudero** pues don Quijote le prometió hacerlo gobernador de una ínsula, es decir de un territorio. Alistaron camisas y las demás cosas necesarias para el viaje, y sin Sancho Panza despedirse de su mujer y sus hijos, ni don Quijote del ama y la sobrina, salieron de noche sin que los vieran.

Al amanecer ya iban por el Campo de Montiel, que podemos ubicar en el mapa (página 12), cuando vieron numerosos molinos de viento, y dijo don Quijote a su **escudero**: "¿Ves allí, amigo Sancho Panza, donde se descubren treinta o poco más desaforados gigantes con quienes pienso batallar?"

"Mire vuestra merced, no son gigantes, sino molinos de viento, y lo que parecen brazos

son las aspas, que movidas por el viento hacen andar la piedra del molino", respondió Sancho.

"Bien parece —respondió don Quijote— que no estás cursado en esto de las aventuras: ellos son gigantes; y si tienes miedo quítate de ahí, y ponte en oración en el espacio que yo voy a entrar con ellos en fiera y desigual batalla".

Y encomendándose de todo corazón a su señora Dulcinea, arremetió a todo galope con la lanza, pero el aspa en movimiento lo enganchó, llevándose caballo y caballero, que rodaron maltrechos por el campo.

Sancho Panza acudió corriendo a socorrerlo diciéndole "¿No le dije yo a vuestra merced que no eran sino molinos de viento?"

"Calla, amigo Sancho —respondió don Quijote—, aquel sabio Frestón, el encantador, por quitarme la gloria de vencerlos, ha transformado los gigantes en molinos".

"Y, ayudándole a levantar, montó en Rocinante, y siguieron el camino del Puerto Lápice —que podemos ubicar en el mapa—, porque allí decía don Quijote que hallarían muchas y diversas aventuras".

CAPÍTULOS 4, 7 Y 8 (referencia a los capítulos de la obra original)

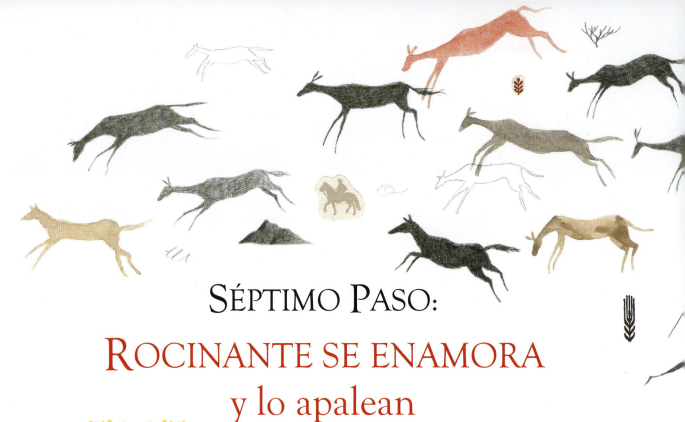

Séptimo Paso:
Rocinante se enamora y lo apalean

Continuemos el viaje con don Quijote y Sancho cuando "vinieron a parar a un prado lleno de fresca yerba, junto del cual corría un arroyo apacible y fresco, tanto que convidó y forzó a pasar allí las horas de la siesta, que rigurosamente comenzaba ya a entrar. Apeáronse don Quijote y Sancho, y dejando al jumento y a Rocinante a sus anchuras pacer de la mucha yerba que allí había, dieron saco a las alforjas, y sin ceremonia alguna, en buena paz y compañía, amo y mozo comieron lo que en ellas hallaron".

Mientras ellos comían "ordenó, pues, la suerte y el diablo, que no todas veces duerme, que andaban por aquel valle paciendo una manada de **jacas** galicianas de unos arrieros yangüeses", es decir, del pueblo de Yanguas.

Al caballo le dio por enamorarse de las señoras yeguas, y se les acercó con un trotecito alegre, pero ellas lo recibieron "con las herraduras y con los dientes, de tal manera que a poco espacio se le rompieron las cinchas, y quedó sin silla en pelota"; y como si esto no fuera ya suficiente, los arrieros "acudieron con estacas, y tantos palos le dieron, que le derribaron mal parado en el suelo".

"Y dijo don Quijote a Sancho: A lo que veo, amigo Sancho, estos no son caballeros, sino gente soez y de baja ralea; lo digo, porque bien me puedes ayudar a tomar la debida venganza del agravio que delante de nuestros ojos se le ha hecho a Rocinante".

22

"¿Qué diablos de venganza hemos de tomar, respondió Sancho, si estos son más de veinte, y nosotros no más de dos, y aun quizá no somos sino uno y medio?"

"Yo valgo por ciento, respondió don Quijote. Y sin hacer más discursos, echó mano a su espada y arremetió a los yangüeses, y lo mismo hizo Sancho Panza, incitado y movido del ejemplo de su amo".

Pero los yangüeses acudieron a sus estacas y les dieron palo hasta que los dos cayeron al lado de Rocinante, que seguía tendido en el piso: "donde se echa de ver la furia con que machacan estacas puestas en manos rústicas y enojadas".

Viendo lo mal que los habían dejado, los arrieros rápidamente cargaron su **recua** y siguieron su camino, abandonando a los dos aventureros de mala traza y de peor talante.

El molido caballero don Quijote dijo que había sido un castigo del dios de las batallas, por haber infringido las leyes de la caballería, que no permiten usar la espada contra hombres que no habían sido armados caballeros como él.

CAPÍTULO 15 (referencia a los capítulos de la obra original)

Octavo Paso:
La Venta vuelve
a ser castillo

Volvamos a la venta mientras acompañamos a don Quijote y a Sancho, quienes quedaron muy maltrechos después de ser apaleados por los arrieros de Yanguas. Cuando el ventero "vio a don Quijote atravesado en el asno, preguntó a Sancho qué mal traía. Sancho le respondió que no era nada, sino que había dado una caída de una peña abajo, y que tenía algo brumadas las costillas".

Esa noche le acomodaron camas a don Quijote, a Sancho, y a un arriero que había citado en la noche a la Maritornes, una empleada de la venta. Cuando la muchacha entró en medio de la oscuridad, don Quijote creyó que se trataba de la princesa hija del dueño del castillo que venía a consolar al caballero herido.

El arriero, celoso "enarboló el brazo en alto, y descargó tan terrible puñada sobre las estrechas quijadas del enamorado caballero, que le bañó toda la boca en sangre, y no contento con esto se le subió encima de las costillas, y con los pies más que de trote se las paseó todas de cabo a cabo".

La cama se desbarató, el ventero llegó con un candil, la Maritornes se acurrucó al lado de Sancho, quien "pensó que tenía la pesadilla, y comenzó a dar puñadas a Maritornes, quien retornó a Sancho con tantas, que a su despecho le quitó el sueño, y comenzaron entre los dos la más reñida y graciosa escaramuza del mundo".

"Y así daba el arriero a Sancho, Sancho a la moza, la moza a él, el ventero a la moza; y fue lo bueno que al ventero se le apagó el candil, y como quedaron a oscuras, dábanse tan sin compasión todos a bulto, que a doquiera que ponían la mano no dejaban cosa sana".

Aquella noche se alojaba en la venta un cuadrillero de la Santa Hermandad de Toledo, que al oír el estruendo de la pelea, "entró a oscuras en el aposento diciendo: Téngase a la justicia, téngase a la Santa Hermandad". Y el primero con quién topó fue con don Quijote, derribado boca arriba, sin sentido; y echándole mano a las barbas, y viendo que no se movía, creyó que estaba muerto, y

"que allí dentro estaban eran sus matadores, y con esta sospecha reforzó la voz, diciendo: Ciérrese la puerta de la venta, miren que no se vaya nadie, que ha muerto aquí un hombre".

Todos se sobresaltaron y se retiraron "el ventero a su aposento, el arriero a sus **enjalmas**, la moza a su rancho; sólo los desventurados don Quijote y Sancho no se pudieron mover de donde estaban. Soltó en esto el cuadrillero la barba de don Quijote, y salió a encender una luz", porque todo estaba a oscuras.

CAPÍTULO 16 (referencia a los capítulos de la obra original)

Noveno Paso:
EL BÁLSAMO Y EL MANTEO de Sancho

Volvamos a la oscuridad del recinto donde todos terminaron golpeados.

Don Quijote dijo a Sancho: "este castillo está encantado, porque cuando yo estaba con la hija del señor en dulcísimos coloquios, vino una mano pegada al brazo de algún gigante, y me dio un puñetazo en las quijadas, y después me molió de tal suerte, que creo que el tesoro de la hermosura de esta doncella no debe ser para mí".

Don Quijote pidió a Sancho que consiguiera aceite, vino, sal y romero, para hacer el bálsamo de Fierabrás que cura las heridas de los caballeros andantes. Los puso a cocinar, les rezó y los acompañó de bendiciones. Cuando lo tomó, empezó a vomitar y a sudar, y luego durmió "más de tres horas, al cabo de las cuales despertó, y se sintió aliviadísimo del cuerpo, y en tal manera, que se tuvo por sano, y verdaderamente creyó que había acertado con el bálsamo de Fierabrás".

Sancho Panza le rogó que le diera lo que quedaba en la olla, se lo tomó "y le dieron tantas ansias, sudores y desmayos, que comenzó el pobre **escudero** a desaguarse por ambas canales con tanta prisa, que todos pensaron que se le acababa la vida".

Don Quijote decidió partir en busca de aventuras. Ensilló a Rocinante, le puso la **enjalma** al asno de su **escudero** y como Sancho no se podía tener en pie, lo ayudó a vestir y a montar.

Cuando iban por la puerta, el ventero pidió que le pagaran el costo de la cena, la dormida, y lo que habían consumido los animales.

"¿Entonces esta es una venta y no un castillo?" replicó sorprendido don Quijote.

"Y muy honrada", respondió el propietario.

"Engañado he vivido hasta aquí," exclamó, y le dijo al hospedero que los caballeros andantes jamás debían pagar posada, y salió de la venta.

El ventero decidió cobrarle a Sancho Panza, pero él replicó que como era **escudero** de caballero andante tampoco debían cobrarle.

Entonces quiso la mala suerte, que los huéspedes de la venta bajaran al desdichado Sancho del asno, lo acostaran en una manta, y empezaran a lanzarlo hacia lo alto, y lo mantearan hasta que de puro cansados lo dejaron en paz.

Luego lo montaron en el asno, lo arroparon con su gabán, y salió de la venta muy contento de no haber pagado nada, pero la verdad fue que el hospedero se quedó con sus alforjas en pago de lo que le debían.

CAPÍTULO 17 (referencia a los capítulos de la obra original)

Décimo Paso:
EL YELMO de Mambrino

Continuemos nuestro recorrido por los campos de Castilla, en una mañana un poco lluviosa y por un camino "como el que habían llevado el día de antes".

Al poco rato "descubrió don Quijote un hombre que venía a caballo, y traía en la cabeza una cosa que relumbraba como si fuera de oro, y se volvió a Sancho y le dijo:

Paréceme, Sancho, que si no me engaño, hacia nosotros viene uno que trae en su cabeza puesto el yelmo de Mambrino, sobre el que yo hice un juramento".

Pues para el caballero era ni más ni menos que el casco del rey musulmán derrotado por Reinaldos de Montalbán, según contaba el famoso libro *Orlando Enamorado*, de Boiardo.

Pero lo que don Quijote veía, era el barbero de un pueblo cercano montado en su burro, y como comenzaba a llover, para no mojarse se puso sobre la cabeza su *bacía de azófar*, que era un platón de lata con una escotadura para apoyarla en el cuello de quien iba a afeitar, y con un cuenco donde se mezclaban el agua y el jabón. Como la bacía estaba limpia, relumbraba en la distancia como si fuera de oro.

Don Quijote atacó lanza en ristre diciéndole: "Defiéndete, cautiva criatura, o entrégame de tu voluntad lo que con tanta razón se me debe".

El barbero desmontó del asno y huyó más rápido que el viento. Sancho recogió el yelmo, don Quijote se lo puso en la cabeza, y como no encajaba, dijo:

"Sin duda que el pagano a cuya medida se forjó primero esta famosa **celada** debía de tener grandísima cabeza; y lo peor es que le falta la mitad".

Sancho no pudo contener la risa, y dijo a don Quijote que el tal casco parecía era una palangana de barbero, por lo cual el caballero andante imaginó que el encantado yelmo debió ser fundido para vender la mitad del oro purísimo, y con la otra mitad hicieron esto, que parecía una bacía de barbero, pero de todas maneras serviría para defenderse de alguna pedrada.

Luego montaron de nuevo, y como buenos caballeros andantes siguieron por donde quiso la voluntad de Rocinante, por el camino real, a la ventura, sin designio alguno.

CAPÍTULO 21 (referencia a los capítulos de la obra original)

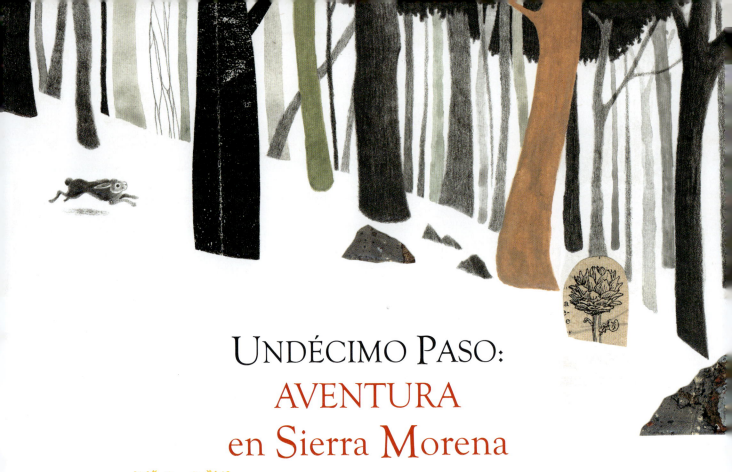

Undécimo Paso:
Aventura en Sierra Morena

legó el momento de aventurarnos en las montañas con nuestros amigos, pues "guiando Sancho sobre su asno, se entraron por una parte de Sierra Morena que allí junto estaba, llevando Sancho intención de atravesarla toda, e ir a salir al Viso o a Almodóvar del Campo" —que también podemos localizar en el mapa—, y esconderse algunos días por aquellas asperezas".

Pero la suerte fatal quiso que Ginés de Pasamonte, un ladrón, quien también estaba escondido en las montañas, los vio y los dejó dormir, pero se robó el asno de Sancho Panza, y a Rocinante lo dejó "por ser prenda tan mala para empeñada como para vendida", y antes del amanecer ya estaba lejos de allí.

Al despertar Sancho echó de menos su rucio y empezó a llorar de la manera más triste, diciendo: "¡Oh, hijo de mis entrañas, nacido en mi misma casa, brinco de mis hijos, regalo de mi mujer, envidia de mis vecinos, alivio de mis cargas, y finalmente, sustentador de la mitad de mi persona, porque con veintiséis **maravedís** que ganaba cada día mediaba yo mi despensa!"

Don Quijote consoló a Sancho prometiéndole darle tres burritos, de cinco que había dejado en la casa. Sancho se consoló con esto, limpió sus lágrimas agrade-

ció a don Quijote, y se le alegró el corazón.

Continuaron su camino, y encontraron una maleta cerrada con una cadena y su candado ya podrido; dentro de ella había cuatro camisas de delgada tela de Holanda, y otras cosas, entre ellas un pañuelo con un buen montoncito de escudos de oro, junto con un diario y una carta de amor, que según don Quijote, la debió escribir algún amante desdeñado.

Siguieron avanzando por las montañas cuando vieron a lo lejos a un hombre desnudo, barbado, de cabellos desordenados y descalzo, que saltaba rápido de risco en risco. Don Quijote pensó que podría ser el dueño de la maleta, y decidieron seguirlo. En una cañada hallaron una mula muerta, ensillada, medio comida de los perros y las aves carroñeras.

De repente, apareció un pastor, quien les contó que era un loco que hacía varios meses vivía en los bosques. En eso llegó el extraño personaje, les dijo que se llamaba Cardenio, el *Roto de la Mala Figura*; abrazó a don Quijote *el de la Triste Figura*, y les contó que se había vuelto loco por el amor de Luscinda. De pronto enloqueció de nuevo, agredió al caballero, a su **escudero** y al cabrero, y retornó al bosque.

APÉNDICE – CAPÍTULO 23 (referencia a los capítulos de la obra original)

Duodécimo Paso:
Don Quijote camino a casa

Don Quijote aceptó retornar a su casa en Argamasilla de Alba cuando sus amigos hicieron que la bella Dorotea se presentara como "la princesa Micomicona, heredera del reino de Micomicón, en Guinea", víctima de un malvado gigante y ella convenció al caballero de ayudarla.

Dorotea era de quien estaba enamorado don Fernando, quien se iba a casar con la bella Luscinda, por cuyo amor se había vuelto loco Cardenio, el *Roto de la Mala Figura*. Cuando llegó Dorotea todo se aclaró, y el *Roto* se curó.

Don Quijote preguntó a Sancho cómo le había ido entregando su carta de amor para la bella Dulcinea del Toboso, y si cuando la encontró ella estaba "ensartando perlas o bordando con oro de canutillo para este su cautivo caballero".

"Estaba limpiando trigo en el corral de su casa", respondió Sancho.

"Pues haz cuenta, dijo don Quijote, que los granos de aquel trigo eran granos de perlas tocados de sus manos". Y "cuando le diste mi carta, ¿la besó? ¿Se la puso sobre la cabeza? ¿Le hizo alguna ceremonia especial?"

"Me dijo que la pusiera sobre un costal, que la leería cuando acabara de limpiar el trigo", contestó Sancho.

"¡Discreta señora!", dijo don Quijote; y cuando llegaste junto a ella, "¿Sentiste una fragancia aromática, como si estuvieras en una tienda de perfumes?"

"Sentí un olorcillo algo hombruno, y debía de ser que ella, con el mucho ejercicio, estaba sudada y algo correosa", dijo Sancho.

"No, te debiste de oler a ti mismo, porque ella huele a rosas, a lirio del campo, a ámbar desleído", respondió don Quijote.

¿Qué joya te dio al despedirte, como es costumbre entre los caballeros andantes y damas?"

"Lo que me dio mi señora Dulcinea fue un pedazo de pan con queso ovejuno".

"Si no te dio joya de oro, sin duda debió ser porque no la tendría allí a mano para dártela", dijo don Quijote, y continuaron su camino.

CAPÍTULOS 28, 29, 30, Y 31 (referencia a los capítulos de la obra original)

Fin de la
Primera Parte

Segunda Parte

Decimotercer Paso:
Don Quijote de nuevo en casa

Aquí iniciamos la segunda parte del libro, que si recuerdan, Cervantes escribió cuando apareció una continuación falsa, escrita por un tal Alonso Fernández de Avellaneda, en 1614.

En la casa de don Quijote en Argamasilla de Alba, el cura y el barbero creyeron que había recuperado el juicio, hasta que comentaron que los Turcos organizaban una poderosa armada, y eso "causaba alarma en toda la cristiandad".

"Su Majestad debe mandar por público pregón que se junten en la corte todos los caballeros andantes de España, pues aunque no viniesen sino media docena, ellos, solos bastarían para destruir toda la flota de los Turcos", exclamó don Quijote.

"Cuando menos lo pensemos, nuestro hidalgo sale otra vez a volar", dijeron sus amigos.

En eso llegó Sancho a contar que el bachiller Sansón Carrasco —estudiado en Salamanca—, decía que ya andaba en libros la historia del ingenioso hidalgo don Quijote de la Mancha, y que los mencionaban a él, a la señora Dulcinea del Toboso, y contaban cosas que les habían pasado a los dos. Estaba espantado porque no se imaginaba "cómo las pudo saber el historiador que las escribió".

"Yo te aseguro, Sancho, que debe de ser la obra de algún sabio encantador," dijo don Quijote.

El bachiller Carrasco llegó y se arrodilló diciendo: "Deme vuestra grandeza las manos, señor don Quijote de la Mancha, que es vuestra merced uno de los más famosos caballeros andantes que ha habido, ni aún habrá, en toda la redondez de la tierra. Bien haya el *Cide Hamete Benengeli*, dejado escrita la historia de vuestras grandezas para universal entretenimiento de las gentes".

El bachiller dijo que la obra era un éxito: "los niños la manosean, los mozos la leen, los hombres la entienden y los viejos la celebran. Está tan leída por la gente, que apenas ven algún caballo flaco dicen *allí va Rocinante*".

Sancho se animó, y dijo a don Quijote que si habría una segunda parte "ya habíamos de estar en esas campañas deshaciendo agravios y enderezando tuertos, como es costumbre de los caballeros andantes".

"No había bien acabado de decir esto el escudero, cuando relinchó Rocinante; lo cual fue tomado por don Quijote como feliz agüero, y decidió hacer otra salida en pocos días. Le pidió consejo al bachiller, quien sugirió ir al reino de Aragón y a la ciudad de Zaragoza, donde se celebrarían justas en la fiesta de San Jorge, y podría ganar fama sobre todos los caballeros del mundo".

Ocho días después, empezaban los dos nuevas aventuras.

SEGUNDA PARTE, CAPÍTULOS UNO, DOS Y TRES (referencia a los capítulos de la obra original)

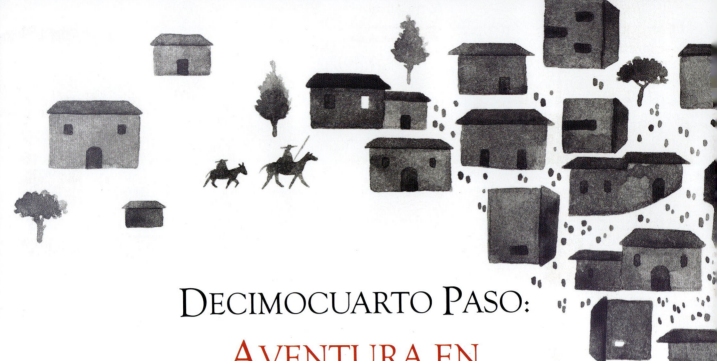

Decimocuarto Paso:
Aventura en El Toboso

Salgamos de nuevo al anochecer de Argamasilla del Alba hacia El Toboso, con don Quijote en su Rocinante y Sancho sobre su rucio.

Decidieron entrar por la noche, que "estaba entreclara, y no se oían sino ladridos de perros, de vez en cuando, el rebuzno de un burro, el gruñido de los puercos, y el maullar de los gatos", sonidos que el caballero consideró de mal agüero; pero, con todo esto, dijo a Sancho:

"Guíame al palacio de Dulcinea, que debe estar retirada en algún pequeño apartamento de su alcázar —la habitación de la princesa dentro de la fortaleza—, entreteniéndose con sus doncellas, como es uso y costumbre de las altas señoras y princesas".

Como se acercaba el amanecer, Sancho le propuso salir de la ciudad, buscar un bosque donde don Quijote se quedara escondido mientras él volvía a la ciudad a buscar a Dulcinea, y así lo hicieron.

Camino hacia El Toboso, el **escudero** se detuvo a reflexionar cómo resolvería su situación y decidió que si don Quijote estaba loco, "cuando dijo que los molinos de viento eran gigantes", "no sería muy difícil hacerle creer que una labradora —o campesina—, la primera que me topare por aquí, es la señora Dulcinea; y cuando él no lo crea, juraré yo; y si él jurare, tornaré yo a jurar; y si porfiare, porfiaré yo más... venga lo que viniere".

Entonces Sancho Panza vio venir tres labradoras y corrió a buscar a don Quijote, diciéndole: "No

tiene más que hacer vuesa merced sino salir a ver a la señora Dulcinea del Toboso, que viene a verlo con otras dos doncellas, venga, que son un **ascua de oro**, mazorcas de perlas, diamantes, rubíes, todas telas de brocado, entretejidas con oro y plata; los cabellos, sueltos por las espaldas, son otros tantos rayos del sol que juegan con el viento; y, sobre todo, vienen en tres hermosas cabalgaduras".

Pero don Quijote no vio sino a las tres labradoras, sobre tres borricos.

"¡Ahora me libre Dios del diablo! exclamó Sancho. ¿Es posible que tres **jacas** —hermosos caballos y yeguas— blancos como la nieve, le parezcan burros?", y de rodillas en el suelo, dijo:

"Reina y princesa de la hermosura, reciba en su gracia a don Quijote de la Mancha, también llamado el Caballero de la Triste Figura, y yo soy Sancho Panza, su **escudero**".

Pero don Quijote "no veía sino una aldeana, carirredonda y chata", de nariz pequeña y aplastada, y dijo a Sancho que nuevamente era "víctima de los encantadores, que no se contentaron con transformar a Dulcinea en una fea aldeana, sino que le quitaron el buen olor, porque tenía un olor a ajos crudos, que le atosigó el alma".

Así que montaron de nuevo y siguieron hacia Zaragoza.

SEGUNDA PARTE, CAPÍTULOS 8, 9, Y 10 (referencia a los capítulos de la obra original)

Decimoquinto Paso:

La carreta de las cortes de la muerte

Volvamos, queridos lectores, de nuevo hacia Zaragoza, con un Sancho sonriente, y un don Quijote pensativo, por "la mala burla que le habían hecho los encantadores volviendo a su señora Dulcinea en la mala figura de la aldeana".

Entonces apareció una carreta cubierta llena de extraños personajes: "El que guiaba las mulas y servía de carretero era un feo demonio", y allí iban "la misma Muerte, con rostro humano", y a su lado "un ángel con unas grandes y pintadas alas"; un emperador con su corona de oro, y "el dios Cupido, con su arco, y las flechas dentro del carcaj. Venía también un caballero armado de punta en blanco —con todas las piezas de la armadura puestas—, y un sombrero lleno de plumas de diversos colores".

"Don Quijote, creyendo que se le ofrecía alguna nueva y peligrosa aventura, con voz alta y amenazadora dijo: Carretero, cochero, o diablo, o lo que eres, no tardes en decirme quién eres, para dónde vas y a quién llevas en tu carricoche".

A lo cual, deteniendo la carreta, el diablo respondió:

"Señor, somos actores de la compañía teatral de Angulo el Malo; y hemos representado el **auto** de Las Cortes de la Muerte esta mañana, en un lugar detrás de aquella loma", dijo el Demonio que conducía la carreta.

Luego explicó que esa misma tarde presentarían la obra —que mostraba a la Muerte como una familia real con todo su séquito—, en un poblado cercano, e iban disfrazados para no tener que volver a vestirse.

"Por la fe de caballero andante, respondió don Quijote, que así como vi este carro, imaginé que alguna grande aventura se me ofrecía, pero andad con Dios, buena gente, y haced vuestra fiesta".

De pronto llegó uno de la compañía "vestido de bojiganga, con muchos cascabeles, y en la punta de un palo traía tres vejigas de vaca hinchadas", que empezó a agitar delante de don Quijote dando grandes saltos.

Esa visión asustó a Rocinante, que se desbocó al galope, y cuando Sancho llegó a auxiliar al caballero, ya los dos estaban en el suelo.

Aprovechando que Sancho había dejado su asno para ayudar a don Quijote, el bojiganga se montó y haciendo ruido lo hizo correr hacia el pueblo.

Don Quijote, enfurecido, propuso ir tras ellos a vengar la afrenta hecha a sus animales, pero Sancho, al ver que su burro regresaba después de derribar al comediante, sugirió que los dejaran ir en paz, a lo cual el caballero accedió, y así esta aventura tuvo un final feliz.

SEGUNDA PARTE, CAPÍTULO 11 (referencia a los capítulos de la obra original)

Decimosexto Paso:
El combate con el Caballero de los Espejos

Acompañemos a Sancho y a don Quijote al llegar la noche, cuando se acercaron dos hombres a caballo. Eran el Caballero de los Espejos y su **escudero**, que tenía una nariz enorme, como una berenjena, esa hortaliza morada y alargada.

El caballero le contó a don Quijote que sufría por el amor de la "Casildea de Vandalia, la más hermosa del mundo", por quien había derrotado "al famoso caballero don Quijote de la Mancha", quien confesó que Casildea era más hermosa que Dulcinea.

Él le replicó que eso era imposible, y no podía ser sino "la obra de algún encantador", y empuñando la espada, lo retó a duelo.

El Caballero de los Espejos aceptó el reto diciéndole que el vencido debía hacer lo que quisiera el vencedor. Don Quijote accedió, y pidieron a sus **escuderos** "que tuviesen a punto los caballos, porque el combate sería a la salida del sol".

Don Quijote miró a su contendor, quien tenía una casaca, esa vestidura ceñida al cuerpo, con mangas que le llegaban hasta la muñeca, y con faldones hasta las corvas, "con muchas lunas pequeñas de resplandecientes espejos, y sobre la **celada** una gran cantidad de plumas verdes, amarillas y blancas; la lanza era grandísima y gruesa, y de hierro acerado", es decir, fuerte y de mucha resistencia.

Montaron en los caballos, y el de la Triste Figura dijo: "si Dios, mi señora y mi brazo me valen, veréis que no soy el vencido don Quijote que pensáis".

Con esto, don Quijote "volvió las riendas a Rocinante para tomar lo que convenía del campo, para enfrentar a su contrario; lo mismo hizo el de los Espejos, y se lanzó a todo su correr, que era un mediano trote, para encontrar a su enemigo".

A don Quijote le pareció que el rival venía volando, y arrimó reciamente las espuelas a Rocinante, que galopó con furia y llegó donde el de los Espejos "con tanta fuerza, que mal de su grado le hizo venir al suelo por las ancas del caballo, dando tal caída, que, sin mover pie ni mano, dio señales de que estaba muerto".

Don Quijote le quitó el yelmo y vio que era el bachiller Sansón Carrasco, y exclamó:

"¡Acude, Sancho, y mira lo que has de ver y no lo has de creer! ¡Aguija, hijo, y advierte lo que puede la magia, lo que pueden los hechiceros y los encantadores!"

En ese momento llegó el **escudero** del Caballero de los Espejos, que se quitó la enorme nariz postiza, y resultó ser Tomé Cecial, un vecino de Sancho. Pidió que no hicieran daño al Caballero de los Espejos, quien se retractó de todo lo que había dicho sobre Dulcinea, y confesó que el caballero vencido no era don Quijote, sino otro que se le parecía.

Sigamos entonces camino a Zaragoza, felices de derrotar al Caballero de los Espejos y a su **escudero** narizón.

SEGUNDA PARTE, CAPÍTULOS 12, 13, Y 14 (referencia a los capítulos de la obra original)

41

Decimoséptimo Paso:
La aventura de los leones

Sigamos por el camino a Zaragoza, donde según cuenta la historia, venía un carro con banderas y don Quijote se paró delante con sus armas, y preguntó:

"¿A dónde vais? ¿Qué carro es éste, qué lleváis en él y qué banderas son estas?"

"El carro es mío; lo que va en él son dos bravos leones enjaulados, que el general de Orán envía a la corte, y las banderas son del rey nuestro Señor", respondió el carretero.

El caballero, sonriéndose un poco, exclamó:

"¿Leoncitos a mí? ¡Por Dios que han de ver si soy hombre que se espanta de leones! Abrid esas jaulas y echadme esas bestias fuera, que les haré conocer quién es don Quijote de la Mancha, a pesar de los encantadores que me los envían".

El carretero desunció las mulas y gritó:

"Séanme testigos cuantos aquí están cómo contra mi voluntad y forzado abro las jaulas y suelto los leones, y que todo el daño que hagan corra y vaya por su cuenta".

Sancho, con lágrimas en los ojos "le suplicó desistiese de tal empresa", pero don Quijote le dijo: "Retírate, y déjame, y si aquí muriere, ya sabes nuestro antiguo concierto: acudirás a Dulcinea, y no te digo más".

Luego "embrazó el escudo" metiendo el brazo por la argolla para sostenerlo, y así cubrir y defender el cuerpo; "luego desenvainó la espada, paso ante paso, con maravilloso denuedo y corazón valiente, se fue a poner delante del carro encomendándose a Dios de todo corazón y luego a su señora Dulcinea".

El leonero "abrió de par en par la primera jaula", y la fiera tendió las garras, se desperezó, bostezó muy despacio, se lamió el rostro, "sacó la cabeza fuera de la jaula y miró a todas partes con los ojos hechos brasas, en una imagen capaz de espantar a la misma temeridad".

El caballero lo miraba atentamente, deseando que saltara para combatirlo y destrozarlo. Pero el temible león, "sin hacer caso de niñerías ni de bravatas, volvió la espalda y enseñó sus partes traseras a don Quijote, y

con gran flema y remanso se volvió a echar en la jaula".

Don Quijote mandó al leonero a golpearlo e irritarlo, pero él le dijo que no era de caballeros atacar a quien rehuía el combate.

Cuando empezó a llegar la gente que se había alejado por temor a las fieras, el leonero les contó el fin de la batalla, exagerando el valor de don Quijote, desde ahora El Caballero de los Leones, "de cuya vista el león, acobardado, no osó salir de la jaula, a pesar de tener abierta la puerta", y prometió contar aquella valerosa hazaña al mismo rey, cuando lo viera en la corte.

SEGUNDA PARTE, CAPÍTULO 17 (referencia a los capítulos de la obra original)

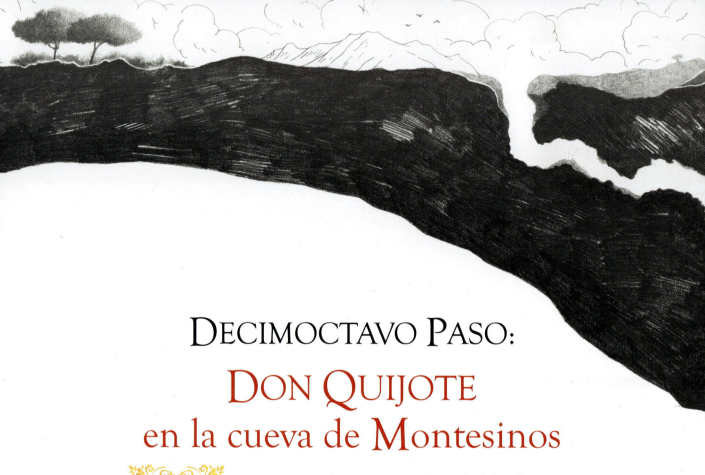

Decimoctavo Paso:
Don Quijote en la cueva de Montesinos

Siempre ansioso de nuevas aventuras, don Quijote pidió "una guía que le encaminase a la cueva de Montesinos, porque tenía gran deseo de entrar en ella y ver a ojos vistas si eran verdaderas las maravillas que de ella se decían por todos aquellos contornos".

Una vez allí, para entrar "era menester proveerse de sogas, para atarse y descolgarse en su profundidad", y don Quijote fue atado, se hincó de rodillas, oró al cielo, se encomendó a su Dulcinea del Toboso, y se dejó bajar al fondo de la espantosa caverna.

Cuando tenían descolgadas las cien brazas de soga, esperaron media hora, la volvieron a recoger, y al sacarla del todo, vieron que don Quijote estaba dormido. Cuando volvió en sí, desperezándose, contó lo que había visto en la cueva de Montesinos.

Dijo que lo había asaltado un profundo sueño, y despertó en la mitad de un bellísimo prado, con "un real y suntuoso palacio o alcázar, cuyos muros y paredes parecían de transparente y claro cristal fabricados; del cual abriéndose dos grandes puertas, vi que por ellas salía y hacia mí se venía un venerable anciano".

El viejo lo abrazó diciéndole que hacía mucho tiempo quienes estaban encantados en esas soledades esperaban al valeroso caballero don Quijote de la

Mancha, para que revelara los secretos de esta cueva; y le dijo que él mismo era Montesinos, quien había sacado "con una pequeña daga, el corazón de su gran amigo Durandarte para llevárselo a la Señora Belerma" como muestra de su amor.

Después lo invitó al palacio, donde en una sala "había un sepulcro de mármol, fabricado con gran maestría", sobre el cual estaba tendido el caballero Durandarte, y le dijo que allí los tenía "encantados el sabio Merlín" hacía muchos años —más de quinientos—, y ninguno se había muerto.

Le contó que solamente faltaban Ruidera y sus hijas y sobrinas, "las cuales llorando, por compasión que debió de tener Merlín de ellas", fueron convertidas en las lagunas de la provincia de la Mancha, y a su **escudero** Guadiana, lo transformó en el río del mismo nombre.

Calcularon que había estado en la cueva una hora, pero don Quijote replicó que fueron tres días, donde vio cosas maravillosas, entre ellas a su amada Dulcinea quien incluso mandó a una de sus doncellas para que le pidiera prestados seis reales a don Quijote, pero él solamente tenía cuatro para enviarle.

"¡Santo Dios!" exclamó Sancho, ¿Es posible que los encantadores "hayan trocado el buen juicio de mi señor en una tan disparatada locura?".

SEGUNDA PARTE, CAPÍTULOS 22 Y 23 (referencia a los capítulos de la obra original)

Decimonoveno Paso:
La aventura del barco encantado

Continuemos nuestro viaje con don Quijote y Sancho a orillas del río Ebro, donde hallaron un pequeño barco sin remos, atado al tronco de un árbol.

"Has de saber, Sancho, que este barco me está convidando a que vaya en él a dar socorro a algún caballero o a otra necesitada y principal persona que debe de estar puesta en alguna grande cuita", como era el estilo de los libros de caballería.

Se santiguaron, embarcaron y Sancho comenzó a temblar. Don Quijote lo animó diciéndole que pronto saldrían al mar dilatado, "pues ya debían haber navegado por lo menos, setecientas u ochocientas **leguas**".

"Pues yo veo con mis mismos ojos que no nos hemos apartado ni cinco varas de la ribera, y allí están Rocinante y el rucio donde los dejamos, y creo que no nos movemos ni al paso de una hormiga", dijo Sancho.

En esto, vieron unas grandes **aceñas**, los molinos que aprovechan la fuerza del río, y don Quijote gritó:

"¿Ves? Allí, ¡oh amigo!, la ciudad, castillo o fortaleza donde debe de estar algún caballero oprimido, o alguna reina, infanta o princesa, para cuyo socorro estoy aquí".

"¿Qué diablos, si son las **aceñas** donde se muele el trigo?", exclamó Sancho.

Don Quijote insistió en que las cosas cambiaban debido a los encantos, mientras el barco, llevado por la corriente, avanzó más rápido, y los molineros vieron que "se iba a embocar por el raudal de las ruedas, y salieron con varas largas a detenerlo".

Como estaban enharinados en los rostros y los vestidos, don Quijote los amenazaba esgrimiendo su espada en el aire, tratándolos de "canalla malvada", y pidiéndoles dejar en libertad al prisionero que tenían oprimido en esa fortaleza, pues había llegado "el Caballero de los Leones, destinado por

los altos cielos a dar final feliz a esta aventura".

Cuando el barco entró en el canal de las ruedas, los dos saltaron al agua, y si no fuera por los molineros, que se arrojaron al río y los sacaron, se habrían ahogado caballero y **escudero**.

El barco se partió en pedazos entre las ruedas de las **aceñas**, y don Quijote debió pagar cincuenta reales a los pescadores, que en ese tiempo era una cantidad considerable de dinero, pero siguió convencido de que en esta hazaña hubo dos encantadores: uno que le dio el barco, y otro que le transformó el castillo en **aceñas**, y así tuvo fin esta aventura.

SEGUNDA PARTE, CAPÍTULO 29 (referencia a los capítulos de la obra original)

Vigésimo Paso:
Los duques y el caballo Clavileño

Continuemos nuestro viaje con don Quijote y Sancho, y sigamos con ellos en el momento en que se encontraron con el Duque y la Duquesa, quienes habían leído la primera parte de su historia. Se alegraron al conocer por fin al Caballero de los Leones, y lo invitaron a su castillo para rendirle el homenaje que recomendaban los libros de caballería.

Al entrar al gran patio de la fortaleza, dos doncellas le cubrieron los hombros "con un gran manto de finísima escarlata", y todos exclamaron "¡Bienvenido sea la flor y nata de los caballeros andantes!".

Muchas atenciones recibieron en el castillo de los duques, pero tal vez la más extraordinaria aventura fue su vuelo en el mágico caballo Clavileño, la cual ocurrió cuando los duques hicieron todo un montaje teatral, que don Quijote y Sancho creyeron era una realidad.

Una noche se presentó la Condesa Trifaldi —llamada La Dolorida—, quien venía del reino de Candaya, patria de la reina Maguncia y el rey Archipiela, padres de la infanta Antonomasia, casada con el caballero Clavijo, a quienes el gigante Malambruno, cruel encantador, había transformado en una mona de bronce, y en un espantoso cocodrilo de metal. A la condesa y sus damas les había hecho salir barbas en las caras.

Malambruno dijo "no recobrarán su forma estos dos atrevidos amantes hasta que el valeroso manchego venga a combatir conmigo", y afirmó que si don Quijote aceptaba el reto, para recogerlo enviaría un caballo que volaba por el aire a gran velocidad y se llamaba "Clavileño el Alígero, por tener una clavija", es decir una pieza cilíndrica de madera, encajada en el cuello, para hacerlo mover.

Dispuestos a deshacer el encantamiento, el caballero y Sancho montaron en el caballo de madera que trajeron cuatro salvajes. Para que la altura y la velocidad "no les causaran vahídos", les vendaron los ojos, y don Quijote movió la clavija para volar hasta donde Malambruno.

Con **fuelles** les fingieron vendavales, y con hisopos encendidos les hicieron creer que pasaban cerca al sol. Dentro del caballo habían metido cohetes tronadores, que encendieron y lo hicieron volar por los aires con tremendo ruido, y don Quijote y Sancho Panza quedaron en el suelo, medio chamuscados.

Cuando abrieron los ojos, vieron una lanza clavada en el piso, con un estandarte donde estaba escrito que Malambruno "se daba por satisfecho", desaparecían las barbas de las damas, y los reyes don Clavijo y Antonomasia "volvían a su prístino estado", es decir, a como eran antes del encantamiento.

SEGUNDA PARTE, CAPÍTULOS 31, 38, 39, 40 Y 41 (referencia a los capítulos de la obra original)

Vigésimoprimer Paso:
Sancho recibe la ínsula Barataria

Cuenta Cervantes que "Con el feliz —felice, se decía en su época— y gracioso suceso de la aventura de la Dolorida quedaron tan contentos los duques", que determinaron seguir con las burlas. Dijeron a Sancho que se preparara para ser gobernador de "una ínsula hecha y derecha, redonda y bien proporcionada y sobremanera fértil y abundosa" esto es, generosa y abundante en frutos.

Don Quijote le aconsejó que se guiara por la prudencia y la humildad de su linaje, pues valía más "ser humilde virtuoso y no pecador soberbio"; que evitara la envidia, y que recordara las cosas que agradaban al cielo.

Y especialmente le sugirió "¡Encajar, ensartar, e hilar refranes, que en eso nadie le ganaba!". Le dijo cómo montar a caballo, madrugar con el sol, y evitar la pereza, entre otras recomendaciones.

Así partió Sancho, "acompañado de mucha gente, vestido a lo letrado, y encima un gabán muy ancho", a manera de abrigo con mangas, de paño fuerte, montado a la jineta —con las piernas recogidas— sobre un mulo, y detrás de él iba su rucio con flamantes adornos de seda.

Llegó a las puertas de la villa, de hasta mil vecinos, y "salió el regimiento del pueblo a recibirle, tocaron las campanas y todos los vecinos dieron muestras de general alegría y con mucha pompa le llevaron a la iglesia mayor a dar gracias a Dios". Le entregaron las llaves de la ciudad, declarándolo "perpetuo gobernador de la ínsula Barataria".

Luego lo llevaron al juzgado para que resolviera varios litigios, que Sancho solucionó con verdadera sabiduría.

Pero en los siguientes días iba a comer y los médicos se lo prohibieron porque no era bueno para su salud, o porque podrían querer envenenarlo. "La séptima noche de los días de su gobierno estaba en su cama, no harto de pan ni de vino, sino de juzgar y dar pareceres", cuando "oyó tan gran ruido de campanas y de voces, que no parecía sino que toda la ínsula se hundía".

Lo despertaron diciéndole que se armara porque los estaban invadiendo. Sancho alarmado se dejó poner dos grandes escudos, uno por delante y otro por detrás, que lo dejaron inmovilizado.

Ante todas estas circunstancias, Sancho decidió renunciar. Se fue a la caballeriza, abrazó al rucio, le dio un beso de paz en la frente, y, no sin lágrimas en los ojos, le dijo que "después de haber subido a las torres de la ambición y de la soberbia, tenía en el alma mil miserias, trabajos y desasosiegos".

Y se despidió de todos los presentes diciendo que no había nacido para ser gobernador, que mejor se iba a los trabajos del campo, pues "prefería en la mano la hoz del campesino al cetro de gobernante".

SEGUNDA PARTE, CAPÍTULOS 42, 43, 44, 45, 47 Y 53 (referencia a los capítulos de la obra original)

Vigésimosegundo Paso:
Combate de Don Quijote y el lacayo Tosilos

Ahora que Sancho retornó de la ínsula Barataria, volvamos con don Quijote de la Mancha al castillo de los duques, donde el caballero se preparaba para un combate, en defensa del honor de una joven, cuyo prometido había huido a Flandes.

El duque pidió a Tosilos, su lacayo —el criado que lo acompañaba en sus viajes—, que tomara el lugar del prófugo, y ordenó quitar los hierros a las lanzas "para que venciera a don Quijote sin matarlo o herirlo".

Delante de la plaza del castillo se levantó la tarima, un alto entablado, para ubicar a "los jueces del campo y las dueñas, madre e hija, demandantes", y a la gente que venía de las aldeas vecinas.

Al sonar las trompetas, don Quijote asomó en un fuerte corcel, y el lacayo Tosilos llegó "con la visera calada y unas fuertes y lucientes armas", montado en un caballo color tordillo, es decir, de pelo mezclado de negro y blanco. Paseó la plaza, y, llegando donde estaban las damas, miró a la que —supuestamente— lo pedía por esposo.

Redoblaron los tambores, temblaba la tierra, en suspenso los corazones del público, a la espera del combate. Don Quijote se encomendó a Dios Nuestro Señor y a la señora Dulcinea del Toboso, aguardando "la señal precisa de la arremetida", para iniciar el ataque.

Pero Tosilos, al ver a la prometida del fugitivo, le pareció hermosísima, y Cupido, el pequeño dios del Amor, le clavó una flecha en el corazón.

Al sonar la trompeta de batalla, el lacayo no se movió, mientras que don Quijote arremetió al galope, animado por los gritos de Sancho:

"¡Dios te guíe, nata y flor de los andantes caballeros! ¡Dios te dé la victoria, pues llevas la razón de tu parte!"

Y aunque Tosilos vio venir a don Quijote, no se movió, sino

que llamó al maestro de campo y le preguntó: "¿Esta batalla no se hace porque yo me case, o no me case, con aquella señora?"

Así es, le respondió.

"Pues yo, temeroso de mi conciencia, digo que me doy por vencido y que quiero casarme con ella", dijo el lacayo.

Don Quijote se detuvo al ver que el rival no atacaba, y el maestro de campo informó al duque lo que decía el lacayo. Tosilos se acercó a donde estaba doña Rodríguez —así se llamaba la dama—, y exclamó:

"Yo, señora, quiero casarme con su hija, y no quiero alcanzar por pleitos ni contiendas lo que puedo lograr en paz y sin peligro de muerte".

Y así quedaron doña Rodríguez y su hija contentísimas al ver que habría casamiento y se salvaba el honor de don Quijote.

SEGUNDA PARTE, CAPÍTULOS 54 A 56 (referencia a los capítulos de la obra original)

Vigésimotercer Paso:
Camino a Barcelona

Una vez más, don Quijote y Sancho habían salido ilesos de sus aventuras.

Luego de despedirse de los duques, emprendieron camino hacia Barcelona, y feliz de verse libre, dijo don Quijote:

"La libertad, Sancho, es uno de los más preciosos dones que a los hombres dieron los cielos; con ella no pueden igualarse los tesoros que encierra la tierra ni el mar encubre; por la libertad, así como por la honra, se puede y debe aventurar la vida".

Iban felices pero en un bosque los asaltaron los bandoleros capitaneados por Roque Guinart, quien al ver a don Quijote triste y pensativo, le preguntó qué le sucedía.

"Mi tristeza no es por haber caído en tu poder, respondió el caballero, sino por el descuido, de ser sorprendido con mi caballo sin el freno, incumpliendo la orden de la caballería andante, que me obliga a vivir en continua alerta, porque yo soy don Quijote de la Mancha, cuyas hazañas llenan todo el orbe".

De pronto llegó una joven llamada Claudia Jerónima, a pedir ayuda a Roque para huir a Francia, pues era la enamorada de Vicente Torrellas, el hijo de un enemigo de su padre, Simón Forte. Se iban a casar, pero ella se enteró que lo haría con otra, y le disparó "abriéndole puertas por donde envuelta en su sangre saliese mi honra", dijo la muchacha.

Roque le propuso ir a buscar a Vicente, y lo encontraron aún vivo. Antes de morir él confesó que jamás quiso ofenderla, ni se iba a casar con otra, y le pidió ser su esposo. Claudia aceptó, y arrepentida, decidió pasar el resto de sus días en un convento.

Roque retornó, y llevó a don Quijote y Sancho por caminos secretos hasta Barcelona, y llegaron a su playa la víspera de la noche de San Juan. Se despidieron de Roque con abrazos, y al amanecer vieron por primera vez el mar, que les pareció "espaciosísimo y largo". Allí les dieron una cálida bienvenida los amigos de Roque Guinart.

SEGUNDA PARTE, CAPÍTULOS 58 a 61 (referencia a los capítulos de la obra original)

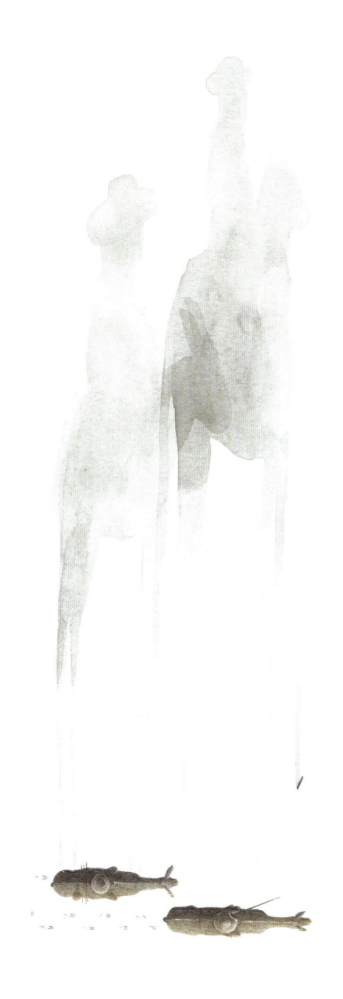

Vigésimocuarto Paso:
Batalla con el Caballero de la Blanca Luna

Una mañana, cuando don Quijote paseaba por la playa de Barcelona, vio acercarse un caballero, armado de pies a cabeza, en cuyo escudo "traía pintada una luna resplandeciente", que le dijo:

"Soy el Caballero de la Blanca Luna, y vengo a combatir contigo, para hacerte confesar que mi dama es sin comparación más hermosa que tu Dulcinea del Toboso".

Le dijo que si peleaban y lo vencía, debería dejar las armas y las aventuras, retirarse durante un año, y vivir en paz. "Y si tú me vencieres, serán tuyos los despojos de mis armas, mi caballo, y la fama de mis hazañas".

Don Quijote quedó atónito, y aceptó el reto. Encomendándose al cielo de todo corazón y a su Dulcinea, "volvieron las riendas a sus caballos, y como era más ligero el de la Blanca Luna, llegó a don Quijote a dos tercios andados de la carrera, y allí le encontró con tan poderosa fuerza, que dio con Rocinante y con don Quijote por el suelo en una peligrosa caída".

Luego se acercó y con la lanza sobre la visera, le dijo:

"Vencido sois, caballero, y aun muerto, si no confesáis las condiciones de nuestro desafío".

"Don Quijote, molido y aturdido, sin alzarse la visera, como si hablara dentro de una tumba, con voz debilitada y enferma, dijo:

Dulcinea del Toboso es la más hermosa mujer del mundo, y yo el más desdichado caballero de la tierra, y no es bien que mi flaqueza defraude esta verdad. Aprieta, caballero, la lanza, y quítame la vida, pues me has quitado la honra".

"Eso no haré yo, por cierto viva, viva la fama de la hermosura de la señora Dulcinea del Toboso, yo sólo me contento con que don Quijote se retire a su lugar un año, o hasta el tiempo que por mí le fuere mandado, como concertamos antes de entrar en esta batalla", dijo el de la Blanca Luna.

Don Quijote respondió que como lo pedido no perjudicaba

a Dulcinea, cumpliría todo lo demás. "Hecha esta confesión, volvió las riendas el de la Blanca Luna, y a medio galope entró en la ciudad".

Levantaron a don Quijote, le quitaron el yelmo y vieron su rostro pálido y sudoroso. Rocinante no se podía mover, y Sancho, triste y apesadumbrado, no sabía qué hacer, y pensaba que todo era cosa de encantamiento.

"Veía a su señor rendido y obligado a no tomar armas en un año; imaginaba la luz de la gloria de sus hazañas oscurecida, las esperanzas de sus nuevas promesas deshechas, como se deshace el humo con el viento".

Seguramente se estarán preguntando quién era este misterioso Caballero de la Blanca Luna. ¡Pues era nada más y nada menos que el bachiller Sansón Carrasco!

SEGUNDA PARTE, CAPÍTULOS 64 y 65 (referencia a los capítulos de la obra original)

Vigésimoquinto Paso:
Retorno y fin de don Quijote

odas las expediciones tienen un final, y ha llegado el momento de volver a Argamasilla de Alba, después de que don Quijote estuviera seis días en el lecho, "triste, pensativo, imaginando una y otra vez su desdichada derrota". Finalmente aceptó que debía cumplir la promesa hecha al Caballero de la Blanca Luna, de "colgar las armas en algún árbol, y emprender el camino de retorno".

Al pasar por un prado, don Quijote pensó en dedicarse a la vida pastoril; cambiaría su nombre a "Quijotiz", y Sancho sería "el pastor Pancino" y "andarían por los montes", cantando, bebiendo de las fuentes, recibiendo de los árboles los frutos, la sombra, los perfumes, el aire claro y puro, luz de la luna y las estrellas, y escribir versos "que los hicieran famosos en los presentes y en los venideros siglos".

Cuando llegaron a la casa de don Quijote, allí los esperaban el ama y la sobrina, con Teresa Panza, la mujer de Sancho, y Sanchica, su hija. Don Quijote se reunió con el bachiller y el cura, les contó su derrota, y la orden de no salir en un año, la cual pensaba cumplir obligado por "la andante caballería", y acaso volverse pastor.

Después pidió que lo llevaran al lecho, pues se sentía fatigado, presa de la melancolía, y le empezó una fiebre que le duró seis días.

Sus amigos llamaron al médico quien le tomó el pulso y dijo que era necesario atender "la salud de su alma, porque la del cuerpo corría peligro". Don Quijote pidió que llamaran "al cura, al bachiller Sansón Carrasco y a maese Nicolás, el barbero, pues quería confesarse y hacer su testamento".

Les dijo que ya no era don Quijote de la Mancha, sino Alonso Quijano, un enemigo de las historias de la caballería andante. Volviéndose hacia Sancho, pidió que le perdonara las ocasiones en que lo había hecho parecer loco como él.

"¡Ay!, no se muera vuestra merced, señor mío, que lo peor que puede hacer un hombre en esta vida es dejarse morir, no sea perezoso, levántese de esa cama, y vámonos al campo vestidos de pastores, como tenemos acordado", que quizás hallemos a doña Dulcinea desencantada, dijo Sancho llorando.

Y así don Quijote, "entre la compasión y las lágrimas de quienes estaban allí entregó su espíritu, es decir, murió", y acaso encontró en el otro mundo a los personajes que soñaba: los caballeros andantes Amadís, y Tirante el Blanco, Fierabrás, Montesinos y Durandarte; y en medio de ellos, a la bellísima Dulcinea del Toboso, feliz de tenerlo a su lado por toda la eternidad.

SEGUNDA PARTE, CAPÍTULOS 64 y 65 (referencia a los capítulos de la obra original)

sta *Expedición La Mancha* ha sido un viaje de 25 pasos para invitar a los lectores pequeños y grandes —padres, tíos o abuelos— a soñar, a enamorarnos y ver la fantasía y la magia en las cosas cotidianas, como lo hacían don Quijote y Sancho Panza.

Cervantes con su maravilloso libro nos dice que cada uno de nosotros, como seres humanos que somos, tenemos la posibilidad de fantasear como el Caballero de la Triste Figura —después Caballero de los Leones—; pero siempre estando en contacto con la tierra como Sancho, tan buen conocedor de los refranes, los dichos y los proverbios de la sabiduría popular.

Cuando estaba en el colegio y leí este libro, me preguntaba por qué el cura, el barbero, el bachiller Carrasco, y los Duques se obstinaron en hacer que don Quijote y Sancho dejaran de fantasear, y los engañaron y se burlaron de ellos, como ocurrió con el viaje en Clavileño, el caballo de madera lleno de triquitraques, o con la gobernación de la ínsula de Barataria.

Todos querían imponerle a don Quijote su manera de pensar: el cura afirmando que la religión consideraba pecaminosas las leyendas de caballeros andantes; el bachiller Carrasco exigiéndole cambiar la fantasía por el conocimiento racional; el barbero, la sobrina y el ama de la casa obligándolo a no trastornar la vida cotidiana, acusándolo de tener ideas locas.

Este libro contribuyó a que me convirtiera en escritor cuando empecé a entender que estaban más locos quienes negaban la posibilidad de llenar el mundo de belleza con imaginación y fantasía, y por eso les disgusta que alguien sueñe despierto cuando el amor le pone alas al corazón. Les fastidian los artistas, les incomodan los jóvenes de vestidos y peinados estrambóticos, curiosamente parecidos a los que se encontraba e imaginaba don Quijote.

Tal vez en este momento sean unos pequeños lectores, pero les aseguro que cuando vuelvan sobre el libro en unos años, entenderán muchas cosas y lo disfrutarán con el cariño de quien ha recorrido un paisaje en la infancia, y vuelve a ese lugar cuando ha pasado el tiempo. Empieza uno a redescubrir con el corazón los tesoros detrás de los 25 pasos que dimos desde *La Mancha* inicial, que resultó ser el mapa de una bella provincia de España.

En esta expedición acompañamos a don Quijote en sus aventuras hasta que regresó derrotado y renegó de su calidad de Caballero Andante; pero yo creo que después de morir aquí en la tierra, se fue por un camino de luz para encontrarse con la bella Dulcinea del Toboso, y con todos los personajes que admiraba.

Espero, amables lectores, que hayan gozado este libro, cuya magia en gran parte se debe a la dirección de la talentosa editora Laura Gómez Gómez. *Expedición La Mancha* se completó con las hermosas ilustraciones del artista Samuel Castaño, quien según sus propias palabras se propuso hacer "que las páginas hablaran, gritaran, susurraran o callaran, para que el texto adquiriera vida".

Celso Román

Glosario

Aceña
Molino de trigo para hacer harina, cuyas piedras de moler eran movidas por la fuerza del agua de un río, en este caso, el Ebro.

Ascua de oro
Cosa que brilla y resplandece mucho, como una chispa que se ve desde lejos.

Auto
Pequeña obra de teatro, que se basaba en temas religiosos o profanos, y era muy común en la Edad Media y en el Renacimiento. Los actores iban disfrazados, como los de la compañía de Angulo el Malo, que se encontraron don Quijote y Sancho.

Babieca
Nombre del caballo del Cid Campeador, héroe de la lucha contra los moros.

Bucéfalo
Así se llamaba el caballo de Alejandro Magno, que según dice la leyenda, lo amansó cuando era un niño, y solamente él lo podía montar.

Celada
Así se llamaba una de las piezas de la armadura antigua que cubría y protegía la cabeza; generalmente tenía una visera movible delante de la cara para proteger los ojos del caballero.

Enjalma
Es uno de los aparejos que se ponen a las bestias de carga, caballos, mulas o burros, para amarrar encima los bultos que se quieran transportar.

Escudero
En tiempos de los caballeros andantes, así se llamaba el hombre que se ocupaba de tener listas las armas y atender a un señor o persona distinguida. Sancho fue el escudero de don Quijote.

Fuelle
Es un aparato que consiste en una caja con tapa y fondo de madera, con los costados de piel flexible, y una válvula por donde entra el aire. Al presionar los lados, se reduce el volumen

del instrumento, y el aire sale a presión por un tubo. Cuando don Quijote y Sancho iban en el caballo Clavileño, con fuelles les hicieron creer que sentían el viento en sus caras.

Jaca
Así llaman en España a los caballos o yeguas, como las de los arrieros Yangüeses que mordieron y patearon a Rocinante.

Justa
Así se denominaban las peleas, combates, o torneos a caballo y con lanza, entre los caballeros andantes.

Legua
Es una medida de longitud usada por los marinos, equivalente a 5.555,55 metros. Don Quijote en la barca del Ebro creía haber recorrido miles de leguas, cuando apenas habían avanzado unos metros.

Maravedí
Moneda antigua española, efectiva unas veces y otras imaginaria, que tuvo diferentes valores y calificativos.

Morrión
Así se llamaba la pieza de la armadura en forma de casco, que cubría la parte superior de la cabeza y que en lo alto solía tener un plumaje o adorno.

Recua
Es el conjunto de mulas u otros animales, que los arrieros llevan por los caminos, transportando cargas diversas de un pueblo o de un lugar a otro.

Velar las armas
Cuando alguien iba a ser armado caballero, debía dejar su escudo, armadura, espada y lanza en una capilla, y pasar toda la noche cerca de ellas, haciendo de centinela, sin perderlas de vista, para lograr la protección de Dios. Como en la posada no había iglesia, don Quijote las dejó en el borde del pozo y se peleó con los arrieros que las quitaron para darle de beber a las mulas.

Román, Celso, 1947-

Expedición La Mancha / Celso Román ; ilustrador Samuel Castaño.-- Bogotá : Penguin Random House Grupo

Editorial, 2016.

   64 páginas : ilustraciones ; 21 cm.

   Incluye bibliografía.

   1. Don Quijote (Personaje ficticio)- Literatura infantil
2. Amistad - Literatura infantil 3. Historias de aventuras
I. Castaño, Samuel, ilustrador II. Tít.

863.32 cd 21 ed.

A1518554

CEP-Banco de la República-Biblioteca Luis Ángel Arango

Expedición La Mancha
Primera edición: marzo, 2016
Seguna reimpresión: marzo, 2017
Tercera reimpresión: febrero, 2025

© 2016, Celso Román
© 2016, de la presente edición en castellano para todo el mundo:

© 2016, Penguin Random House Grupo Editorial, S. A. S.
Carrera 7ª No.75-51. Piso 7, Bogotá, D. C., Colombia
PBX: (57-601) 743-0700
© 2016, Samuel Castaño por las ilustraciones

Las citas fueron tomadas de *El ingenioso hidalgo don Quijote de la Mancha*, 1605, y de *Don Quijote de la Mancha*, Edición de la Real Academia Española, 2004.

Penguin Random House Grupo Editorial apoya la protección de la propiedad intelectual y el derecho de autor. El derecho de autor estimula la creatividad, defiende la diversidad en el ámbito de las ideas y el conocimiento, promueve la libre expresión y favorece una cultura viva. Gracias por comprar una edición autorizada de este libro y por respetar las leyes del derecho de autor al no reproducir, escanear ni distribuir ninguna parte de esta obra por ningún medio sin permiso previo y expreso. Al hacerlo está respaldando a los autores y permitiendo que PRHGE continúe publicando libros para todos los lectores. Por favor, tenga en cuenta que ninguna parte de este libro puede usarse ni reproducirse, de ninguna manera, con el propósito de entrenar tecnologías o sistemas de inteligencia artificial ni de minería de datos.

Impreso en Colombia - *Printed in Colombia*

ISBN: 978-958-8662-82-4

Compuesto en Goudy Old Style

Impreso por Editorial Nomos, S.A.